AF327759

ÉVIDENCE MATHÉMATIQUE

DE

L'EXISTENCE DE DIEU

PAR

J.-EMILE FILACHOU

Docteur ès-Lettres

Ἀεὶ ὁ Θεὸς γεωμετρεῖ

PLATON.

MONTPELLIER	PARIS
BEAUMEVIELLE (Anc. Maison Seguin)	DURAND ET PEDONE-LAURIEL
Rue Argenterie, 25	Rue Cujas, 9

1890

ÉVIDENCE MATHÉMATIQUE

DE

L'EXISTENCE DE DIEU

ÉVIDENCE MATHÉMATIQUE

DE

L'EXISTENCE DE DIEU

PAR

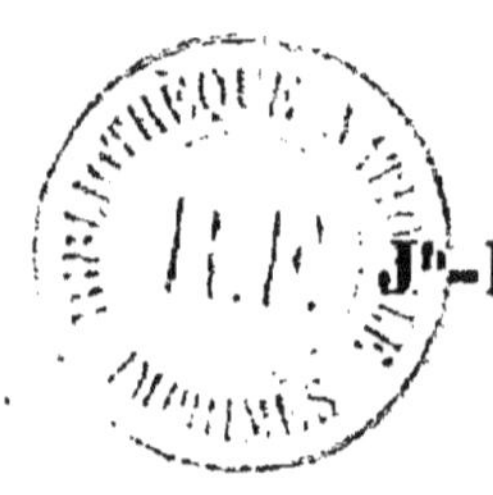

J.-EMILE FILACHOU

Docteur ès-Lettres

Ἀεὶ ὁ θεὸς γεωμέτρει.

PLATON.

MONTPELLIER
BEAUMEVIELLE (Anc. Maison Seguin)
Rue Argenterie, 25

PARIS
DURAND ET PEDONE-LAURIEL
Rue Cujas, 9

1890

Montpellier. — Imprimerie Louis Grollier père, boulevard du Peyrou.

AVANT-PROPOS

St Jean a dit (*Joan.*, i, 5) : *Dieu est lumière, et il n'y a point de ténèbres en lui;* mais, en nous affirmant cette vérité première, il ne nous a rien appris sur la *méthode* à mettre en usage pour s'élever à sa reconnaissance, ni sur la *base* à se donner pour en user avec avantage. St Paul, suppléant en partie à ce défaut, nous indique (*Heb.*, xi, 3) la *base* d'une pareille recherche là où il nous certifie qu'on *arrive à l'intelligence par la foi;* mais il se tait encore sur la méthode à suivre ; et nous ne sachons pas que, depuis, personne ait tenté de combler cette lacune. Persuadé de notre côté de la vérité de cette parole de Platon que *Dieu géométrise toujours,* nous avons pensé qu'il doit au moins alors être aussi rationnel en lui-même que dans ses opérations ou ses œuvres, et nous avons en conséquence essayé d'appliquer à lui-même la méthode mathématique, afin d'arriver de cette manière à *le connaître comme il nous connaît,* chose dont St-Paul nous assure encore la possibilité (I *Cor.*, xiii, 12). Dans cette persuasion, nous avons donc rédigé sur ce plan cet écrit que nous offrons en toute confiance à nos lecteurs, bien certain que là, où l'évidence mathématique règne, l'erreur n'est plus à craindre. Ainsi, nous sommes convaincu que, après nous avoir lu, l'on comprendra parfaitement que sans Dieu le monde ne serait plus seulement comme une cloche sans battant ou une lanterne sans lumière, mais un simple nombre indéfini d'êtres imaginaires aussi dépourvu de vrais éléments que de radicaux et de facteurs réels.

Cassagnoles, 28 novembre 1889.

ÉVIDENCE MATHÉMATIQUE

DE

L'EXISTENCE DE DIEU

---

1. Nous commencerons par nous expliquer sur le but de cet écrit indiqué par son titre, dont on pourrait bien de prime abord ne point comprendre le sens ni la portée.

Affirmer, comme nous le faisons, l'*évidence mathématique* de l'existence de Dieu; ce n'est pas prétendre en *démontrer mathématiquement* l'existence; car ces deux choses sont loin d'être identiques. Démontrer l'existence de Dieu mathématiquement en est l'une, prétendre l'existence de Dieu compréhensible et mathématiquement même exprimable en est l'autre; et, dans notre pensée, c'est seulement cette dernière assertion que nous visons, non la précédente.

Dieu ne peut être démontré *mathématique-*

ment, parce que ce mode de démonstration, plus imparfait qu'on ne pense, n'est point applicable à l'excellence de sa nature ou manière d'être. Dieu est infini par essence. Tous les autres termes de relation auxquels on pourrait vouloir l'associer et comparer, sont au contraire essentiellement finis. Le mode de démonstration mathématique de son existence demandant alors qu'on associe Dieu sous forme d'x à l'entier groupement diversement ordonnancé de tous ces autres termes représentés par des quantités bien déterminées ou finies toutes nulles à son égard (?), — l'en vouloir déduire dans ces conditions ne répugne pas moins que si l'on voulait déduire de zéro n'importe quoi. Notre titre n'exprime donc aucunement le sens de la première proposition que nous élaguions tout à l'heure ; mais nous maintenons la seconde et sommes d'avis que, — la nature divine étant intuitivement une fois bien connue ou comprise et pour lors représentée par N, — si pour la mise de son existence en question on représente cette dernière par x, l'on doit avoir du même coup l'équation

$x = N$, laquelle répond bien dès lors au titre de cet écrit, puisqu'elle exprime avec une entière évidence en N tout ce qui par hypothèse se trouve implicitement déjà contenu, sous forme de question, en x.

Comment est-il maintenant possible d'exprimer en termes mathématiques la nature divine intuitivement connaissable ou connue, d'ailleurs avec une telle évidence, qu'elle rivalise en certitude avec toutes autres quantités finies dont l'ensemble réduit en N donne pleine réponse à la question? Le procédé *logique* de division de *l'Absolu* nécessairement un d'abord, par le *relatif* constitué des deux nombres premiers 2 et 3, nous fournit la réponse à cette demande. Logiquement, toute classification se construit au moyen de l'échelle des termes gradués que l'on désigne par les noms de *genre*, d'*espèce* et d'*individualité*, tous numériquement constitués entre eux du premier au dernier dans le rapport des quantités 1, 2, 3, de manière à nous donner 1 *genre* pour 2 *espèces* et 3 *individualités*. D'après cela, comme genre unique, l'unité doit être d'abord prise *absolument* ; mais, comme espèce, elle se double et se prend cette fois *relativement* ; et comment se différencie-t-elle alors ? C'est en s'assimilant les deux rôles inverses *potentiel* et *quantitatif*. Or, pris potentiellement, l'*1* spécial est, pour triple emploi factoriel élémentaire, 1^3 ; et, pris quantitativement, l'*1* spécial est, pour triple emploi non factoriel mais seulement numérique, 3^0. Combinant donc entre eux ces deux termes *relatifs*, bien différents l'un de l'autre à ce point de vue, mais néanmoins bien équivalents comme absolument égaux chacun a 1, et prenant en outre leur rapport, nous avons l'équation $\dfrac{1^3}{3^0} = 1$, dont ; — les deux termes numérateur et dénominateur du premier membre exprimant les deux rôles essentiels primitifs *potentiel* et *quantitatif* de l'Unité, — le troisième terme isolé du second membre en exprime le rôle unique *absolu* suffisant à tenir tête aux deux autres constitués en tel état de contrariété qu'ils apparaissent dépouillés — en relation binaire — des divers fonctionnements à titre d'élément ou de facteur ou même de radical, qui leur reviendraient en système ternaire de désagrégation ou d'agrégation totale.

Cette explication purement *logique* encore de la formule typique de l'Être divin met clairement à jour le sens et la portée du *titre* de cet écrit, qu'on aurait bien pu sans cela ne pas comprendre ; mais elle n'en démontre aucunement l'exactitude ou la vérité., Nous nous occuperons actuellement d'établir ce dernier point avec toute la rigueur dont il est susceptible.

2. Nous entrerons en matière en prenant ici notre point de départ dans l'Évangile où, comme on ne l'ignore point, J.-C., se disant envoyé pour faire connaître Dieu aux hommes, n'apparaît jamais pourtant tant soit peu préoccupé d'en prouver l'existence, et par suite la suppose toujours universellement admise ou du moins admissible comme évidente dans le sens que nous venons d'exposer. Et vraiment il serait étrange que J.-C. se fût ainsi constamment et complètement abstenu de la prouver, si c'eût été nécessaire pour établir le règne divin, but de sa mission ; car c'eût été bâtir

sans fondement. La prenant pour fondement, il la tenait donc pour la vérité première, pas plus alors immédiatement (1) démontrable qu'indémontrable, et servant en quelque sorte d'assise radicale à la raison humaine ainsi qu'à ses propres enseignements. Que telle a toujours été, du reste, sur ce *point* la pensée du divin fondateur du Christianisme, nous ne le savons pas seulement avec certitude par la constante affectation absolue qu'il a mise à le passer sous silence; nous le savons encore par tous ses discours et tout l'ensemble de sa doctrine, d'où ce qui ressort le plus clairement, c'est que, avec et par *Lui*, le règne de *Dieu* a déjà pris pied en terre (*Luc*, xi, 20), que Dieu est présent à quiconque le prie (*Math.*, vi, 6), que Dieu est le père de tous les hommes aussi bien que le sien (*Math.*, v, 9), mais qu'il est plus spécialement le sien, au point que quiconque le voit,

(1) Nous disons immédiatement, pour sauvegarder la possibilité de démonstration apagogique ou médiate, fondée sur le principe de causalité, telle que nous avons essayé de la formuler dans un précédent opuscule dans l'attente du présent, que nous n'étions pas encore en état de mettre à jour.

voit aussi le père (*Joan.*, xiv, 9); car Dieu le père est toujours en Lui comme inversement il est toujours Lui-même en Dieu le père (*Joan.*, xi, 11), et ses propres œuvres sont (au lieu d'être exclusivement siennes) aussi les œuvres du père (*Joan.*, xiv, 10). En nous associant de cette sorte avec restriction à sa filiation divine, J.-C. en admettait manifestement une duplication accompagnée de différences caractéristiques, comme on les conçoit aisément entre une filiation éternelle et toutes autres filiations subséquentes compliquées de modes accidentels en limitant ou resserrant l'extension originaire. Mais ces différences d'extension et d'intensité toutes relatives n'empêchent point la nôtre plus restreinte d'être contenue dans la sienne plus large, ni la sienne plus hâtive d'être après coup à son tour contenue dans la nôtre postérieure ou plus tardive, ni les deux de prendre à la fois rang en l'ordre requis dans le règne divin du Père, où le Fils, son co-participant par son éternelle génération, adjoint à ce premier privilège de son rang celui d'être après coup aussi nôtre co-participant par sa naissance temporelle ; et, se reconnaissant ainsi possesseur de ce double privilège, J.-C. n'avait garde de scinder à notre exemple — comme s'il eût dû se diviser lui-même — le monde en deux parts, l'une toute céleste et l'autre toute terrestre, radicalement étrangères l'une à l'autre ; mais, réglant son discours sur sa propre manière de voir, il ne parlait point de la céleste comme absente ni par suite recherchable, comme l'était pour Ulysse au retour de Troie son île d'Ithaque ; il la disait et l'affirmait au contraire aussi présente par elle-même à la terrestre, que l'est, à tout contenu plus réduit, le contenant entier dans lequel il lui est donné naturellement ou sans réserve *de vivre, de se mouvoir,* et *d'être* (*Acte* xvii, 28). En pareil cas, il ne pouvait donc, sans paraître tomber en contradiction avec lui-même, songer à démontrer l'existence de Dieu ou du commun Père céleste, puisqu'il en prétendait l'universelle assistance ou présence, autant ou plus réelle, que sa propre existence visible ou corporelle et celle de toutes les autres individualités du genre humain (1).

(1) A ce point de vue, la Divinité ne se distingue point

Pourquoi donc cette dernière sorte d'existence physique ou terrestre est-elle plus saisissante ou saisissable que la fondamentale divine ou spirituelle? Ses complications, dont nous parlions tout-à-l'heure, en sont la cause. Apportant à l'extension infinie (leur obligée présupposition) une notable restriction, elles lui donnent une forme concrète étrangère,, qui la voile ou l'éclipse à nos yeux. Mais, aux yeux de quiconque sait faire abstraction de cet encombrant amalgame, cette extension doit au contraire vivement ressortir ou recouvrer toute son évidence originaire ; et c'est alors à ce dépouillement du contingent que nous devons actuellement nous occuper de l'amener en la formulant dans toute sa simplicité radicale.

3. La première chose que nous ayons à faire ici pour commencer à nous orienter, est de revenir sur l'équation déjà donnée $\dfrac{1^3}{3^0} = 1$, et de chercher à nous fixer sur sa haute signi-

des vrais et premiers principes du pouvoir, du savoir et du vouloir ; et, comme ces principes ne sont pas moins évidents que réels, l'existence de Dieu, qui n'en diffère point, doit être elle-même évidente.

fication et son immense portée fondamentale, la considérant pour cela sous tous ses principaux aspects sans nous départir immédiatement de la méthode logique seule utilisable avant qu'il nous soit possible de nous placer sur le terrain des *individualités* absolues ou censées telles. Car, avant d'en venir là, placés ou retenus dans les deux ressorts moins déterminés des *genres* ou des *espèces*, nous ne saurions échapper tout à fait aux abstractions qui sont le principal élément de la logique ; et, restant ainsi forcément pendant un certain temps sur ce domaine, nous prendrons les trois termes de l'équation précédente d'abord à la lettre, et puis nous les considèrerons successivement en figure, en fonction et en application définitive.

Pris d'abord à la lettre, les termes de cette équation ont la même valeur *absolue* mais une tout autre valeur *relative*, ou bien ils ont une même valeur réelle mais une tout autre valeur imaginaire. La valeur absolue, réelle, en est l'*unité*. Imaginairement ou relativement envisagée, cette unité se transforme au contraire singulièrement, comme siège et symbole de triple ou pleine *puissance* en l'un (1^3), de triple ou pleine *particularisation* en l'autre (3^0), et de simple ou pure *relation* en la troisième (1). C'est *positivement* que l'infinie puissance s'en étale en 1^3, et *négativement* que l'infinie concentration en tout genre s'en opère en 3^0 : ces deux états corrélatifs en sont donc imaginairement *réels*. Mais ces deux états relatifs se trouvent être, par leur seule et propre opposition intrinsèque, exclus du troisième 1, qui ne les représente ou reproduit en conséquence (quoique secrètement *réel* toujours à titre de *virtuel*) qu'*imaginairement*, et qui, dès lors ou pour ce double emploi concomitant est *objectivement* tout imaginaire, en même temps que *subjectivement* tout *irrationnel* avec le moins de réalité possible alors, celle susdite déjà de *virtuel*. Le mode de réalité *moyenne*, attribuable au terme *négatif* 3^0 méritant par là même à ce second terme le nom de *formel*, nous sommes naturellement amenés à qualifier de *physique*, après fictive réduction au premier degré de simple apparition *objective* sensible, le terme *positif 1³*, *principe* des deux autres, mais finalement traduit en *élément* par double abstraction consécutive.

De cette première détermination de nos trois termes que nous avons qualifiée de *littérale,* voulons-nous actuellement passer à leur détermination dite *figurée* : nous aurons pour cela recours aux trois notions formant image de *tension* pure, d'*extension* et d'*intensité*. La *tension* pure implique bien certainement (ne serait-ce que par exclusion) l'extension et l'intensité ; mais, en sa réalité naissante ou virtuelle, elle équivaut ou correspond au simple élément de l'une et de l'autre comme en exprimant le rapport commun ; elle a donc, la première, position ou siège dans le terme 1. Au contraire, importée dans le terme 1³, la tension s'y voit convertie subitement en *extension*, comme immédiatement dotée là du troisième ou suprême degré d'exercice objectif ; et, semblablement importée dans le terme 3°, elle y tourne de même subitement à l'*intensité* la plus profonde pour commune superposition totale d'exercice subjectif en tout genre. Les deux termes 1³ et 3⁰ sont donc très distinctement des symboles expressifs de *grandeur* et de *densité* radicalement infinies, comme le terme 1 est essentiellement simple type d'aptitude ou de tendance à le devenir.

Connaissant par là le mode de représentation *figurée* distinctement attribuable à chacun des trois termes de notre équation fohdamentale, nous devons être désireux de savoir encore le degré dont ils peuvent être reconnus susceptibles. L'évolution graduelle en est très remarquable pour la double marche en elle retracée par la variation qui s'y montre à la fois ascendante ou progressive, d'une part, et descendante ou régressive, de l'autre. Telle en est, en effet, la loi : tout premier terme, seul, fonctionne en *genre* au troisième degré de la puissance ; tous termes, pris les premiers deux à deux, fonctionnent en *espèces* au second degré de la puissance ; et chacun des termes pris finalement trois à trois, fonctionne seulement en *individuel* au premier degré de la puissance. Cette loi leur convient, quel qu'en soit le mode d'exercice *figuré* considéré. — Soit censé pris seul en premier lieu le terme 1^3 : il fonctionne par cela seul en *genre extensif* de même degré. — Pris également seuls en premier lieu, les termes $3^0, 1$, devraient être censés s'offrir, en leur genre respectif soit d'intensité soit de *tension* pure, au même troisième degré de la puissance alors exprimable, pour le premier, par $(3^0)^{-3} = \dfrac{1}{1^3}$, et pour le second, par $(1) = \dfrac{1^3}{1^3}$.

— Les deux termes $1^3 = \dfrac{1^3}{1}$, $(3^0)^{-3} = \dfrac{1}{1^3}$, seraient-ils au contraire censés introduits à la fois ou simultanés ? Par le seul fait de leur première prise ou mise en commun, ils nous donneraient, au lieu du précédent rapport où ils fonctionnent comme *genres* en $1^3 \times (3^0)^{-3} = \dfrac{1^3}{1} \times \dfrac{1}{1^3} = \dfrac{1^3}{1^3}$, le nouveau rapport où, pour inverse variation d'un degré de part et d'autre, ils fonctionnent en *espèces*, $\dfrac{1^2}{1^2} = 1\left(\dfrac{1^2}{1^2}\right)$. Enfin, chacun des mêmes termes serait-il censé subitement introduit avec accompagnement des deux autres sous la même impulsion ou par la même cause, avec complète exemption de toute complexion antérieure ternaire ou binaire ? les trois termes ainsi simultanément introduits d'emblée ne fonctionnent plus, chacun, qu'à titre d'*individualités* sommables, à la manière des trois expressions du premier degré 1', 1', 1', donnant par addition 3 (1'). Dans nos trois formules, l'exposant 3 s'accompagne du coefficient 1, l'exposant 1 s'accompagne du coefficient 3, et l'exposant 2 ainsi que le coefficient 2 marchent de pair.

Et, de tout cela, que s'ensuit-il maintenant de remarquable et de fondamental sur la question de *réalité* non abordée jusqu'à cette heure de face, mais pourtant ici tellement importante que, à la seule fin d'en préparer la solution, nous n'avons pas cru pouvoir nous dispenser d'entrer dans les nombreux éclaircissements logiques précédents de synthèse ou d'analyse ? Il s'ensuit ceci : qu'à vrai dire, — indépendamment d'un premier état *objectivo-subjectif* ou complet dans lequel les trois termes de notre équation ou les termes personnels qu'ils représentent s'équivalent *absolument* pour entière superposition de leur exercice infini respectif primordial d'intensité, d'extension ou de tension pure, — ces mêmes termes retenant *subjectivement* cette plénitude de fonctionnement originaire ne laissent point de se distribuer *objectivement* — par ordre d'intervention ou d'origine — en une échelle descendante de degrés où, seul le premier terme fonctionnant en *genre* du type 1^3, les deux premiers termes réunis fonctionnent en *espèces* du type $\dfrac{1^2}{1}$ ou $\dfrac{1}{1^2}$, et les trois termes à la fois en *individualités* du type 1^1 ; et qu'alors, [puisque ces trois types témoignent — pour inégalité de degrés — de différences *réelles* subordonnant rigoureusement (au moins objectivement) à tout premier terme le second, et à tout second terme le troisième, et qu'on ne saurait mieux désigner chacun de ces ressorts de moins en moins élevés, qu'en dénommant le premier respectivement infini *virtuel*, le second respectivement indéfini *formel*, et le troisième toujours fini *physique*,] nous avons, dans ces mêmes trois ressorts *virtuel*, *formel* et *physique*, trois sortes d'existences ou de vraies *réalités* plus ou moins objectivement percevables, mais dont l'*interne* (ou *virtuelle*) plénitude originaire décroît comme l'*externe* (ou *physique élémentaire et primitive*) croît, en passant du reste toutes deux par un état moyen *formel* de semi-grandeur ou semi-densité.

4. Nous désignions naguère les trois termes d'exercice *objectivo-subjectif* ou complet, alors *virtuellement* envisagés, mais en outre néanmoins susceptibles d'apparaître *formellement* échelonnés en série descendante, par les trois dénominations d'*intensité*, d'*extension* et de *tension* pure ; mais évidemment, en tant qu'alors la plénitude d'exercice est censée régner en eux, l'échelonnement ainsi recouvert par *en haut* ne peut apparaître et reste implicite. Nous nous placerions maintenant dans le cas justement inverse au précédent, si nous voulions désigner (ce qui serait très possible) les mêmes termes par les dénominations cette fois empruntées au *physique* ou venues d'*en bas* de *masse*, de *volume* et de *densité*, dont il serait superflu d'établir ici la formule mathématique $\frac{M}{V} = D$ connue de tous et d'ailleurs

tout à fait conforme à notre équation fondamentale. Or, quoique d'ordre *physique* seulement, cette nouvelle équation ne laisse point,
pour absolue prépondérance en elle de cet
ordre, de recouvrir encore l'échelonnement de
degrés (1), comme le faisait naguère à nos
yeux le *virtuel* de notre équation fondamentale. Mais, dans les deux formules, l'occulta-
tion des degrés se fait en ordre inverse, et
nommément par *exclusion* en la *physique*,
par *inclusion* en la *virtuelle* : c'est donc en
cette dernière que nous devons en considérer
l'avènement.

Le moyen dont nous allons faire usage à
cette fin, pourra sembler d'abord assez dé-
tourné ; mais il n'en est pas moins naturel et
direct au fond : il consiste à saisir l'existence
et la raison du lien secret rattachant l'un à
l'autre le *relatif* et l'*absolu*, qui sont vraiment
inséparables. N'est-il pas évident, par exemple,

---

(1) Dans la formule $\dfrac{M}{V} = D$, l'on conçoit effectivement
ces trois quantités respectivement constituées comme les
trois notions *solide*, *surface* et *ligne* dans $\dfrac{1^3}{1^2} = 1^1$.

que tout terme susceptible de fonctionnement *potentiel* (comme en a^3) est aussi concurremment susceptible en sous-ordre de fonctionnement soit *factoriel* ou dynamique (comme en *ab*) soit *élémentaire* ou statique (comme en $a + b$) ? Faisons alors abstraction du fonctionnement *potentiel* radical, et ne retenons que les deux secondaires ou dérivés dynamique et statique : ceux-ci pris ensemble font un couple résiduel de termes constitués entre eux comme *abstrait* et *concret* ou mieux (pour en rendre la signification évidente) l'un fonctionnant en *multiplicateur* et l'autre en *multiplicande*. Mais, ce que nous disons-là de deux termes *relatifs* radicalement issus d'un seul *absolu* potentiel, peut se dire de deux *rapports* comparés, et composés, l'un, par exemple, de deux termes simultanés comme en $\frac{B}{C}$, et l'autre d'un seul terme, quotient de ce même premier rapport, A $\left(= \frac{A}{1} \right)$; car, de ces deux rapports secondaires, l'un quelconque fonctionne toujours en *abstrait*, et l'autre inversement en *concret*, ou bien (par réitération de leur distinction originaire et pour rendre toujours ici la chose manifeste) l'un en *absolu*, l'autre en *relatif*. Ainsi, de même que, en ressort *physique*, on donne au système des exercices en jeu la forme de l'équation $\frac{M}{V} = D$, pareillement en ressort *virtuel* il nous est loisible d'en dresser une analogue dans l'expression suivante $\frac{\infty}{\infty} = 1$, manifestement équivalente à cette autre $\frac{\infty^1}{\infty_1} = \frac{1^1}{1^0}$ (1) ; d'où il suit d'inspection que, si l'on tient pour concret ou donné le *premier* rapport alors constitué d'*extension* ou d'*intensité réelles* égales comme infinies toutes deux, le *second* rapport en est seulement une image fictive, à moins qu'on ne préfère dire inversement ce second rapport absolu comme général, et le premier relatif comme particulier, — ce qui ne détruit en rien notre assertion et la confirme au contraire pleinement.

(1) Cette formule équivaut à l'expression $\frac{\infty}{1} \times \frac{1}{\infty}$; de là vient la nécessité de distinguer les deux infinis employés en numérateur et dénominateur en les affectant d'un signe particulier tel qu'*exposant* ou *indice*.

Disons maintenant pourquoi la formule *phy-sique* précédente ne peut être ici d'usage : c'est en raison des termes dont elle se compose, et qui sont la *masse*, le *volume* et la *densité*. Tous ces termes sont des *complexions* ou des *sommes* d'éléments vrais ou fictifs : la *masse* en est une *complexion*, parce qu'ils y figurent en facteurs ; le *volume* en est une *somme*, parce qu'ils y figurent en simples termes ; et dans la *densité*, comme fictifs, ils peuvent bien encore figurer à la fois de ces deux manières. En chacune de ces trois données *masse*, *volume*, *densité*, nous trouvons alors toujours des *résultats*, non des principes élémentaires. Or, c'est ceci justement dont nous avons besoin, si nous voulons remonter aux origines ; et ne le pouvant trouver dans l'équation *physique*, nous le demanderons alors à l'équation *virtuelle*.

Cette précieuse indication des vrais éléments en tout genre que nous ne saurions trouver dans l'équation *physique*, nous est offerte dans l'équation *virtuelle*, parce qu'il n'existe en cette dernière que des termes *élémentaires*.

Car, quoique les termes y jouent les rôles de *relatifs*, comme *positif* l'un et *négatif* l'autre (ce qui les érigerait d'une part en réels ou concrets) sous la double forme de numérateur ∞^1 et de dénominateur ∞_1, ils sont tous d'autre part sous toutes les autres formes qu'ils peuvent recevoir (telles que les indéfinies y, x,) dépossédables — par *annulation récipro-que* — de ces valeurs égales entre elles en pareil cas de numérateur et de dénominateur associés ; après quoi, ces mêmes termes, sans cesser d'être réels, sont réduits à leur plus simple expression (comme on peut le voir, pour $\infty^1 = \infty_1$, $y = x$, $a = b$, dans la série des équations $\dfrac{\infty^1}{\infty_1} = \dfrac{y}{x} = \dfrac{a}{b} = \dfrac{1}{1} = 1$). Donc, quels que soient les trois termes asso-ciés, en *absolus-relatifs* les deux premiers, et en *pur relatif* le troisième (leur équivalent singulier), — ils sont bien tous vraiment relatifs de préférence, avec aggravation même de ce caractère, en passant du premier terme au second ainsi que du second au troisième, pour respective appropriation sous-entendue (dans le même ordre) du rôle *positif* à l'un, du *négatif* à l'autre, et de l'*irrationnel* à leur rapport commun ou l'*unité* finale. Et, parce qu'en définitive ils se réduisent tous après convenable élaboration à l'équation typique absolue $\frac{1^1}{1^1} = 1$, ils se rangent d'abord d'eux-mêmes en ressort *virtuel*. En tant, cependant, qu'on renverse l'ordre des termes numérateur et dénominateur présupposés symboles l'un d'extension et l'autre d'intensité, si l'*extensif* constitue le numérateur du rapport, il lui donne le caractère spécial de *formel* en système binaire déjà dépouillé par hypothèse de *virtuel* sans acquisition de *physique* ; mais, si dans le même cas le terme *intensif* tient la tête du rapport, le rapport tout entier se teint de ce bas genre ; et de cette manière nous arrivons à trouver, dans notre formule appelée par construction à former la transition du genre *virtuel* (par le *formel*) au *physique*, ce caractère *formel* vraiment dominant alors, mais malgré cela nullement impropre à reproduire en sous-ordre ou par sous-division la même triplicité d'application *virtuelle*, *formelle* et *physique*, dont — à un point de vue supérieur — elle s'approprie déjà tout spécia-lement en premier lieu la seconde.

5. Parce que, malgré sa spécialité d'essence ou de nature *formelle*, l'équation $\frac{\infty^1}{\infty_1} = 1$ se prête subsidiairement à la même division tri-chotomique dont elle est en principe une partie, nous ne pourrions en inférer légitimement qu'elle dût de nouveau se *trichotomiser* en elle-même par sous-division sur le même type ternaire, si nous n'avions, pour nous en donner le droit ou le moyen, un fondement de division propice, comme requérant en elle cette fécon-dité d'embranchement progressif jusqu'à la mise à jour plus ou moins prochaine des vrais éléments primordiaux. Mais nous avons heu-reusement à notre disposition ce fondement de division indispensable ici, dans la division *vir-tuelle* déjà reconnue du champ de l'Activité radicale en *infini*, *indéfini* ou *fini*. Tout *vir-tuel*, en effet, — n'importe en quel genre il s'installe comme relatif — y peut fonctionner aux trois états *virtuel* de la forme 1^3, ou *formel* de la forme 1^2, ou *physique* de la forme 1^1 : il s'y formalise donc abstractivement d'une part,

comme il s'y substantialise ou concréfie de l'autre ; et, parce qu'il est alors, an *virtuel*, *infini*, passant d'abord au *formel* abstrait, il tourne nécessairement à l'*indéfini*, comme de suite après, descendant jusqu'au *physique* toujours *fini* de fait, il en partage encore nécessairement les limites. Or, tous ces échelonnements de grandeur tour à tour croissante ou décroissante nous sont, ou réellement ou fictivement au moins offerts, dans les neuf éléments assignables en genre respectivement *formel*, subsidiairement soumis néanmoins (comme il a été dit), dans ses applications, au mode radical de division trichotomique, pour la troisième mais dernière fois trichotomisable, pour nous donner les vrais éléments primitifs ; lesquels sont, comme nous sommes prêts à le montrer, les suivants :

au virtuel : { *espace*, *temps*, *mouvement* } ; au formel. { *sujet*, *verbe*, *attribut* } ; au physique { *forme*, *force*, *variation* } .

Profitant de la liberté que nous nous sommes attribuée de changer à notre gré les deux premiers termes de place, nous faisons là, dans les deux groupes extrêmes *virtuel* et *physique*, du terme *extensif*, le numérateur du rapport, et du terme *intensif*, le dénominateur ; mais, dans le groupe *formel* moyen, nous renversons cet ordre, en y donnant le pas à l'*intensif* sur l'*extensif*.

Que, maintenant, ces trois groupes contiennent tous les éléments radicaux ; qu'ils doivent être rangés en outre dans l'ordre indiqué ; que, dans chaque groupe même, ils se suivent comme ils le font dans le tableau ci-devant : c'est ce dont nous allons fournir la preuve.

6. On ne saurait nous contester, comme acquis ou donné par la théorie fondamentale du calcul infinitésimal, qu'il ne faille préposer l'intégrale à la différentielle dans l'ordre des générations réelles ; car c'est ainsi que se subordonne réellement, à toute cause, son effet, ainsi qu'à tout principe, sa fin. A ce point de vue, le terme 1^3 prévient ou précède le terme 1^2, comme le terme 1^2, le terme 1^1. Mais nous avons admis et dû jusqu'à cette heure admettre en représentants respectifs des trois rôles *virtuel*, *formel* et *physique*, les termes à

série décroissante 1^3, 1^2, 1^1. Donc nous devons reconnaître à leur degré respectif exponentiel tous *termes* dignes de ces trois qualifications, et même encore tous *groupes* qualifiables de la même manière. C'est-à-dire que, comme tous les termes de chaque groupe doivent se ranger individuellement avec progrès ou regrès suivant l'échelle des degrés, les groupes eux-mêmes doivent se succéder dans un ordre analogue, d'où il suit que, en fait de groupes, le *virtuel* doit commencer la série, le *formel* la continuer, et le *physique* la clore. En conséquence, tout le groupe *virtuel* doit, en sa qualité de virtuel, avoir ses trois termes *infinis* ou du troisième degré ; et par la même raison tous les termes du groupe *formel* doivent être *indéfinis* ou du second degré, comme tous les termes du groupe *physique*, *finis* ou du premier degré. Mais le même mode de subordination doit se reproduire subsidiairement entre les termes de chaque groupe. Donc il existe une double manière d'invoquer ces mêmes termes. Pris collectivement ou par groupes, ils ont une même valeur commune.

3

Pris individuellement, ils en ont une seconde, qui peut être ou n'être pas celle du groupe entier. Ainsi, dans le premier groupe de droit et de fait qualifié de *virtuel*, le degré commun du groupe est le ternaire ou 3 ; mais, tandis que le degré particulier de son premier terme (l'espace) reste le même ou 3, le degré particulier de son second terme (le temps) est le binaire ou 2, et le degré particulier de son troisième terme (le mouvement) est l'unitaire ou 1. (Sur quoi nous ferons remarquer, une fois pour toutes, que cette première détermination graduelle du *second* et *troisième* termes n'est pas néanmoins définitive, parce que les rôles en sont toujours immédiatement échangeables.)

Ainsi se résout ici d'emblée l'objection qu'on pourrait tirer contre notre théorie de ce que nous prétendons y fonctionner tout d'abord en *éléments* des termes censés nécessairement y fonctionner indistinctement en *infinis*, *indéfinis* et *finis*, mais surtout parfois en *infinis* ou Touts complets. Est-ce donc qu'on pourrait tant soit peu douter, par ex., qu'un terme *infini* relatif quelconque (tel que l'espace) ne soit *un* en même temps qu'*infini?* non assurément. Donc, autant il est infini comme *Tout,* autant il est encore un comme *élément,* ou bien il est à la fois *élément* et *Tout.*

Voyons maintenant si, d'une part, l'espace, le temps et le mouvement se prêtent également aux deux aspects de *Tout* et d'*élément,* jusqu'à rattacher à ces deux aspects relatifs primordiaux les deux notes respectives d'*infini* pour l'un et d'*infinitésimal* pour l'autre, et cela sans que, d'autre part, les mêmes termes cessent de fonctionner encore et respectivement en infinis, indéfinis ou finis. Nous constations naguère l'inséparabilité des deux aspects de *Tout* et d'*élément absolus,* et *relativement* quelconques par conséquent. Or, absolus, ils sont, l'un infini, l'autre infinitésimal. Ces deux rôles extrêmes conviennent d'abord autant à chacun de nos trois termes virtuels (espace, temps, etc.) qu'à l'autre, L'espace infini se confond avec l'immensité phénoménique. Le temps requis par le simultané déploiement de cette immensité, qui serait

— én cas de mouvement infini — complètement nul ou bien infinitésimal, devient au
contraire — pour mouvement infinitésimal —
rigoureusement infini lui-même et se nomme
alors éternité. Soit enfin le temps réduit à son
tour en infinitésimal : le mouvement en hérite
dans le présent cas l'infinité respective et se
confond avec la *nécessité* du devenir. L'espace
est donc une infinité donnée de fait, et toujours
donnée de cette manière, objectivo-subjective
par conséquent ; mais le temps et le mouvement, ne s'élevant qu'alternativement à la
même plénitude, ne jouissent plus alors que
d'une infinité relative ou conditionnelle, plutôt
attribuable néanmoins en raison au temps
qu'au mouvement, parce que la représentation du mouvement implique toujours avant
elle les deux représentations distinctes totales du temps et de l'espace. L'aspect *infini*
diversement attribuable aux trois termes du
groupe *virtuel* étant ainsi bien déterminé pour
nous à l'aide des caractères respectifs d'immensité, d'éternité, de nécessité que nous
venons de leur attribuer, nous devons actuel-

lement vouloir en assigner avec la même précision l'*infinitésimal* respectif. Ici, l'élément d'objectivité, n'offrant plus de prise à la représentation positive de grandeur, tient pour cela plus du temps que de l'espace et remet en scène l'intensité : le relatif s'y substitue donc à cet égard à l'absolu ; et l'expression en comporte toujours deux termes à confronter sans moyen intermédiaire ; auquel cas les dénominations convenables sont, pour l'élément d'espace, la notion de *point*, — pour l'élément de temps, la notion d'*instant*, — et pour l'élément de mouvement, la notion moins évidente mais néanmoins certaine de *lieu*. Car, ici, la formule usitée de mécanique générale $\frac{E}{T} = V$ (ou vitesse) décèle une patente méprise, le mouvement défini par le *transport du temps dans l'espace* ne pouvant pas être autre chose qu'une délimitation de ce dernier, c'est-à-dire, l'idée même qui résulte alors de cette situation *mobile* ou *changeante* que la notion du *lieu* désigne ou présuppose.

7. Nous passerons brusquement du groupe

virtuel au *formel*, parce que ce second groupe peut être considéré comme l'immédiat contre-pied du précédent. Le précédent se compose de termes principalement tout *objectifs* et s'en approprie dès lors ce caractère dominant. Le nouveau groupe commence au contraire par s'approprier la notion même du *subjectif* dans l'idée de *sujet*, et par suite il en reflète aussi le caractère en tous ses autres termes inté-grants. Il se déroule d'ailleurs en ordre inverse au précédent. Tandis que le premier groupe nous offrait ses trois termes ostensiblement rangés en série décroissante, le second nous les offre rangés en apparence en série crois-sante. Enfin, le premier terme du précédent groupe était un symbole d'*extension* infinie ; le premier terme du second groupe est sym-bole d'infinie *intensité*. Cette opposition de constitution, principalement tout objective chez l'un, toute subjective chez l'autre, n'en em-pêche point l'équivalence ; et comme en en faisant la confrontation plutôt par le dehors que par le dedans, on voit là la série des termes décroître dans l'ordre des expressions exponentielles 1^3, 1^2, 1^1,, en les confrontant par le dedans on la voit au contraire se dérouler dans l'ordre inverse pour *sujet* $= 1^1$, *verbe* $= 1^2$, et *attribut* $= 1^3$, cet état potentiel étant bien certainement le plus apparent chez les trois termes consécutifs du second groupe. Nous ne nous arrêterons pas, après les réflexions déjà faites sur les rôles respectifs multiples de chacun des termes du premier groupe, à démontrer que ceux du second groupe conservent à cet égard la même latitude (1). Mais, reprenant la considération des deux groupes *virtuel* et *formel* indivis, nous ferons remarquer avec soin entre eux cette très remarquable différence que, le premier se composant d'intégrales no-

(1) Peut-être, cependant, ne sera-t-il pas inutile de noter ici trois choses qui pourraient ne pas s'offrir immédiatement à la pensée du lecteur. D'abord, de ce que tout *sujet* est en fait et en droit très explicitement *personnel*, le verbe et l'attribut peuvent parfaitement être aussi des *personnalités* implicites. Puis, le *verbe* joue si bien le rôle de *temps* qu'en langue allemande il en tire son nom (*Zeitwort*). Enfin, tout *attribut* est en lui-même *général*, avant de devenir, par son rattachement au sujet, *particulier*.

toires ayant toutes leurs différentielles aussi notoires, le second exclut au contraire — immédiatement au moins — de soi, ce double aspect.

Cette différence provient de la position *moyenne* occupée par le second groupe *formel* entre le premier *virtuel* et le troisième *physique*. Le premier *virtuel*, figurable à cet égard par 1^3, est comme l'intégrale dont la dérivée première est le second *formel* $= 1^2$. Mais, comme les termes du groupe *virtuel* se prêtent au même mode d'exercice moyen, ce premier groupe peut descendre en entier, du degré 3, au degré 2 ; et dès lors le second groupe se trouve être un antagoniste du premier. Il est donc à la fois et son antagoniste et sa dérivée : chose qui ne lui permet point d'avoir une intégrale à recevoir, puisqu'il l'a déjà, ni d'avoir une différentielle à se donner, en raison de l'activité qu'il dépense par antagonisme, comme alors dirigée plutôt vers les côtés où s'exerce la lutte, que vers le bas où rien ne la sollicite. Par une raison semblable, le second groupe ne saurait avoir de différentielle à se donner dans ses rapports avec le troisième groupe *physique*, puisque à cet égard ce dernier avec lequel il se trouve être dans le rapport de 1^2 à 1^4, lui en tient lieu ; de plus, alors que ce dernier groupe $= 1^4$ prend *intégralement* le moyen degré de la puissance 1^2 dans ses trois termes *masse*, *volume* et *densité*, son accidentelle élévation à ce second degré déjà reconnu propre par anticipation au moyen *formel* fait encore, du *formel* et du *physique* ainsi placés de nouveau sur le même pied, deux vrais antagonistes dont la commune activité ne doit pas plus — dans les préoccupations de la lutte — tendre des deux côtés à monter qu'à descendre. Pour le second groupe *formel*, il existe donc un moment critique dans lequel l'activité de ses termes se dirige toute transversalement pour conflit avec les deux autres groupes *virtuel* et *physique* ; mais plus tôt ou plus tard, parce que ce conflit issu de relation n'est rien d'absolu qui doive durer toujours, il n'est pas plus impossible au *formel* d'adjoindre autant à son intégrale *faite* une intégrale *à faire*, qu'à sa différentielle seulement *possible* en principe, une différentielle *actuelle*, — double effet dont nous rendrons compte à son heure. Abordons maintenant le troisième groupe ou le groupe *physique* succédané des précédents.

8. Nous disions tout à l'heure que, si le *sujet* (quel qu'il soit d'ailleurs) n'était point captivé par une lutte détournant au profit de l'actuel ou du présent son attention du possible ou du futur, il pourrait, aussi bien que ne pas perdre de vue l'intégrale d'où il dérive, entrevoir et saisir la différentielle dont il porte ou contient le germe. Ce détournement de l'attention du *Sujet* sur l'actuel ou le présent alors exclusifs du possible ou du futur, qui ne peut avoir sans contredit sa raison d'être en lui-même, provient alors des deux autres termes de son rang *verbe* et *attribut*, jaloux d'étaler à leur tour, en face de son explicite personnalité, la leur, l'un en provoquant le conflit, et l'autre en l'étayant ou confirmant. Mais alors ce ne peut être le Verbe *absolu* radical ou bien seulement *existentiel* en principe, dont la suggestion ne dépasse point la simple *distinction* du Réel et de l'Imaginaire, qui le

dépouillera de son originaire liberté de classer *en raison* ses deux termes autrement que *de fait*, ou bien autrement *de fait* que *de raison*; c'est donc un autre Verbe venant sur les brisées du précédent, ou bien un Verbe cette fois seulement *relatif* ou contingent, empressé d'aggraver la simple *affirmation* ou *négation* originaire du précédent, par une insistance ou réitération en exagérant l'une ou l'autre; et pour lors, soit que le *Verbe* ainsi déterminé présente l'*accident* sous cet aspect fascinateur, soit que l'*accident* s'approprie lui-même de plein gré cette surcharge, les deux voilent comme de concert, aux yeux du *Sujet* ainsi prévenu des deux côtés, sous un faux jour, l'avenir ou le possible dont il ne laisse point pour cela d'être gros, à peu près de la même manière qu'aujourd'hui, quoique sachant très bien ce que sont au *physique* tous termes donnés de *masse*, de *volume* et de *densité*, nous n'en sommes pas plus avancés en la connaissance de leurs éléments respectifs ou vrais principes originaires.

Ces éléments ou différentielles de toute matérialité considérée comme *massive, volumineuse* ou *dense,* nous sommes cependant parfaitement en état de les assigner, si nous le voulons bien : il nous suffira pour cela de nous demander ce qu'on entend par ces trois mots. Une *masse* est un produit de *force ;* un *volume* est une expansion de *forme ;* et, par *densité,* l'on ne peut vouloir désigner qu'une accumulation de *tension* pure égale au rapport de la force et du volume donnés. Défalquons alors de toute masse ainsi que de tout volume et de toute densité, les facteurs ou coefficients qui en font des intégrales : tous ces voiles de leurs différentielles disparaissent ; nous en voyons à nu les différentielles respectives, qui sont, chez la masse, la *force,* — chez le volume, la *forme,* — et chez la densité, la *tension* pure, — cette dernière expression servant à désigner tout ce qu'on désigne communément par d'autres dénominations équivalentes, telles que celles de *tendance, disposition, appétition, habitude,* etc. (1).

(1) L'existence des multiples *valeurs* attribuables aux divers termes des trois sortes de groupes *vir-*

9. Cette *tension* pure, ainsi dénommée de tant de manières aux divers points de vue de la vie pratique, n'est pourtant en elle-même qu'un état *absolu* susceptible de se traduire sur le champ en deux *relatifs* souvent déjà cités et même mis en œuvre dans ce travail, qui sont l'*extensif* et l'*intensif*. Mais, dans ce que nous avons dit jusqu'à cette heure de ces trois états respectivement constitués entre eux, d'un à deux, dans le rapport de l'*absolu* au *relatif*, nous en avons considéré plutôt les faces accessoires que le fond ; et maintenant, après tout ce que nous venons d'exposer sur les trois groupements spéciaux *virtuel, for-*

tuel, formel et *physique*, une fois établie, ce serait le cas de vouloir en rechercher la signification réelle ou pratique. Cette détermination s'opérerait en assimilant ces termes pris trois à trois aux trois fonctions trigonométriques *cosinus, sinus* et *rayon*. Les mathématiciens n'apprécient pas la fécondité de leurs formules. Pour en donner une idée, nous émettrons ici cette proposition: toute force qui *prime* un droit, en est à son tour *supprimée*, comme le cosinus 1^2 l'est par le sinus 1^2 dans l'équation $cos^2 x + sin^2 x = R^2$.

mel et *physique*, le moment est venu de nous expliquer sur ce même fond, tant pour utiliser les précédentes explications sur les trois groupes admis, que pour arriver à découvrir les éléments *généraux* de la nature divine jusqu'à présent toujours visés, mais jamais encore apparus.

Eh bien ! considérés en eux-mêmes, les trois états dénommés *tension* pure, *extension*, *intensité*, sont les termes d'un quatrième groupe, *général* ou transcendant cette fois, sur lesquels il y aurait lieu de redire cela même que nous avons déjà dû dire des termes singuliers des groupes *spéciaux* précédents ; mais ce que nous avons dit de ces derniers s'appliquant sans notable modification à ceux du quatrième groupe *général*, nous ne reviendrons pas sur ces détails ; et, nous rappelant à ce propos la primordiale mise en équation de leur ensemble avec l'*intensité* pour numérateur, l'*extension* pour dénominateur, et la *tension* pure pour quotient sous la forme $\dfrac{\infty^1}{\infty_1} = \dfrac{1^1}{1_1} = 1$, nous nous enquerrons de suite de la manière dont il est possible de retrouver ou d'appliquer en eux le rapport entre intégrale et différentielle dont l'importance est bien loin de nous avoir été révélée dans ce qui précède.

Ici, l'*intensité*, l'*extension* et la *tension* pure jouent un rôle analogue à celui que nous avons dû (p. 7) attribuer aux trois termes du groupe *formel*, compris entre les deux autres groupes *virtuel* et *physique*, et composé de *sujet*, de *verbe* et d'*attribut*. *En fait*, nous avons donc: intensité $= 1^3$, extension $= 1^2$, tension $= 1^1$. *En raison*, nous aurions : tension $= 1^3$, extension $= 1^2$, intensité $= 1^1$. *En imaginarité*, la chose change encore, et nous aurions ici soit la série tout à fait uniforme du second degré intensité $= 1^2$, extension $= 1^2$, tension $= 1^2$, soit cette autre également uniforme du premier degré intensité $= 1^1$, extension $= 1^1$, tension $=1^1$.

Or, de ces quatre séries, les deux premières sont radicales, et par suite nécessaires, immenses, éternelles, terme à terme. Les deux dernières sont, au contraire, librement déduites ou dérivées, et pour cela se signalent par des caractères tout opposés, ou bien par la con-

tingence et la limitation en tout genre, soit in-
définie, soit finie. Néanmoins, au lieu que, à
bien considérer les termes des deux premières
séries, on les y voit tous posés (en définitive et
par compensation) en l'état d'équivalence ou
d'égalité parfaite, — à bien considérer de même
les termes des deux dernières séries, on les y
voit bien égalisés ou compensés en chacune,
mais non de l'une à l'autre. Et, tandis qu'alors
les deux premières séries se compliquent éter-
nellement, et par suite de cette complication
n'en font qu'une, les deux secondes — malgré
l'évident rapprochement de leurs termes (1) —
en font irrémédiablement deux. Comparant en
outre les deux couples de séries, nous voyons
bien tous les termes des deux dernières ou
plutôt leurs types préexister dans les deux
premières ; mais nous ne voyons jamais les types
du troisième degré, préexistants dans les deux
premières, se reproduire dans les deux dernières. Seulement il apparaît encore, d'abord,
que, tels quels, les termes du second et du

(1) Il y a moins de distance de 2 à 1 que de 3 à 1.

premier degré ne sont jamais — au moins iso-
lément — exclus des deux premières, ni par
conséquent leurs séries non plus ; et puis, que,
leur viendrait-il par hasard soit envie, soit
chance de réaliser en commun ou des *produits*
ou des *sommes* de la forme $\begin{cases} y\,x \\ a\,b \end{cases}$, $\begin{cases} y + x \\ a + b \end{cases}$, jamais
ils n'aboutiraient à la plénitude d'intensité des
potentiels $\begin{cases} 1^3 \\ (3)^0 \end{cases}$. Dans les *produits* ou *sómmes*
ci-dessus, en effet, il existe toujours des vides
ou lacunes par défaut de distinction ou d'identification totales ; et cette plénitude de distinction sans exclusion d'identification se voit en
1^3, comme la plénitude d'identification sans
exclusion de distinction se voit en $(3)^0$. Mais
quand donc, nous dira-t-on, les termes des
deux dernières séries tombent-ils dans cette
impuissance relative de pleine identification
et de pleine distinction simultanées ? Ils y tom-
bent justement, quand, ne sortant point des
limites relatives de leurs ressorts spéciaux du
second degré pour les uns et du premier degré pour les autres, c'est-à-dire, du cadre des
deux sortes d'exercice *indéfini* ou *fini*, ils ne

savent ou ne peuvent ou ne veulent point remonter jusqu'à l'*infinie* intégrale, d'une part,
ou, d'autre part, descendre jusqu'à l'élément
infinitésimal, pour arrêt définitif dans les
modes de fonctionnement matérialiste par
masse, volume ou *densité*.

Le sûr mais unique moyen de se préserver
d'un semblable écueil est de regarder les trois
termes de notre quatrième groupe *général*, ou
l'intensité, l'extension et la tension pure,
comme des *moyennes* absolues, et de les em-
ployer alors pour ainsi dire à discrétion ou bien
alternativement et simultanément tout à la fois
en guise ou de différentielles ou d'intégralés.
La pratique de ce procédé si étrange en apparence n'implique pourtant, comme on va le
voir, aucun tour de force. Prenons-nous ces
trois termes pour intégrales, comme on les
aurait en $X = \int_0^\infty dx$, $Y = \int_0^\infty dy$, $Z = \int_\bullet^\infty dz$ (1) :

(1) Nous profiterons de ces nouvelles formules pour re-
donner ici la définition ailleurs établie déjà de l'Être
divin, différencié des deux autres *angélique* et *humain* in-
clus en lui : le *divin* est une *puissance* à trois *coordonnées*;
l'*angélique*, une *résultante* à deux *composantes* ; l'*humain*,

les différentielles gisant là sous le $\int$ sont, pour l'*intensité*, $dx =$ degré, — pour l'*extension*, $dy =$ *vitesse*, — pour la *tension* pure, $dz =$ *variation*. Trois *intensités* infinies superposées mais prises une à une, ou deux à deux, ou trois à trois, sout en effet assimilables aux trois dimensions de l'espace infini, dont la prise une à une, deux à deux, ou trois à trois, réclame, malgré leur commune infinité, la notation *graduée* 1^1, 1^2, 1^3. Elles se différencient donc par le *degré* que détermine pour chacune le moment de leur entrée dans la série totale. Il y aurait lieu d'appliquer les mêmes considérations à l'*extension* comme grandeur analogue à l'intensité, mais, au lieu que l'intensité s'offre à nous comme une gran-

un *produit* ou *quotient* à deux *facteurs*. En dressant et comparant les formules représentatives de ces trois sortes d'Êtres, on en verra la différence ressortir clairement. Impossible de confondre l'Être U avec l'Être R^2 $\left(= y^2 + x^2\right)$, ni ce dernier avec l'Être $A\left(=\dfrac{B}{C}\right)$. Ces trois états différentiels correspondent aux trois notions irréductibles de *sporadisme*, d'*alliance* et de *complexion*. (Voir *les trois sortes d'objectivités.*, § 7, 5).

deur subjective *interne* (ce qui revient à dire à *faire*), l'extension nous apparaît comme une grandeur objective *externe* (c'est-à-dire *toute faite*) : son caractère de fait acquis dénote donc, en elle, la mise en jeu d'une force instantanément déployée, dont l'élément infinitésimal ne peut être dans ces conditions autre que la *vitesse* ; car, on ne saurait effectivement la concevoir instantanément déployée sans voir en elle l'*extension*. La *tension* pure, survenant finalement comme expression du rapport de l'*infinie* intensité à l'infinie extension, en contient au moins imaginairement le double caractère *infini* respectif ; mais elle en doit refléter également, sans leur actualité, le double caractère *infinitésimal* dans sa propre différentielle, laquelle — à défaut de toute indication de *degré* potentiel ou de *vitesse* dynamique est et ne peut être alors que l'extrême variabilité de 1° ou la *variation* absolue. Donc, une fois admises ou posées en infinies, l'intensité, l'extension et la tension pure ont pour différentielles respectives le *degré*, la *vitesse* et la *variation*.

Supposons-les maintenant infinitésimales elles-mêmes : il s'agira d'en trouver et désigner les intégrales. Pour cela, que faire ? C'est tout simple : utiliser les trois différentielles trouvées. Soit d'abord donnée l'intensité dans sa différentielle seulement, mais avec immédiate escorte des différentielles de l'extension et de la tension pure ; sa différentielle spéciale *le degré*, se trouvant ainsi subitement·en quelque sorte dynamisée par la *vitesse* renforcée elle-même de la *variation*, devient une sorte d'immense sphère NÉGATIVE figurable par 1^{-3}, et qualifiable de *puissance* infinie réelle, absolue, souveraine, — véritable intégrale alors. S'intégrant de la même manière moyennant le concours des deux autres différentielles le *degré* et la *variation*, la différentielle spéciale de l'extension ou la *vitesse*, laquelle s'étend alors autant en haut et en long qu'en large mais *négativement* toujours (toutes les dimensions de l'espace une fois isolées l'une après l'autre pouvant être prises négativement), nous fournit par là même la seconde intégrale cherchée, qualifiable encore de *puis-*

sance mais dans une autre acception ; car, la première puissance instituée d'emblée se caractérisant par son *initiative*, la seconde ne peut s'attribuer le même rôle et figure alors en *réceptive*. Les deux premières puissances sont donc entre elles dans le rapport de l'actif au passif. Sans que nous ayons besoin d'entrer actuellement dans aucune explication sur le devenir de la troisième intégrale revenant à la *tension*, on comprend de soi-même que la troisième *puissance* issue du concours apporté, par le *degré* et la *vitesse*, à la *variation* absolue se livrant à leur double élan avec un entier abandon, doit être la *neutralité*. Donc les trois puissances introduites par la triple intégration de l'intensité, de l'extension et de la tension pure, sont les trois genres absolus relatifs *actif*, *passif* et *neutre*.

Nous venons de voir comment les trois différentielles de l'intensité, de l'extension et de la tension pure, qui sont le *degré*, la *vitesse* et la *variation*, instituent par leur concours *factoriel* les trois genres radicaux fonctionnant par ordre dès le début en actifs, passifs ou neutres. Admettons maintenant que, par un semblable concours, non plus seulement *facto-riel* (comme en *abc*), mais bien plus profond et pour cela *potentiel* (comme en a^3 pour $a = b = c$, etc), les trois genres absolus-relatifs *actif, passif, neutre*, se confondent, à titre de personnalités irréductibles et néanmoins (pour même identité foncière) entièrement superposables, en un seul genre absolument-absolu cette fois et restant ainsi réellement commun à toutes malgré leur distinction, parce que, autant elles s'identifient réellement, autant elles se discernent imaginairement : dès ce moment, ce même Être absolument-absolu, se répétant ou résidant en eux tous, joue manifestement un triple rôle personnel, dont la personnalité dépositaire à titre d'*active* ne peut pas plus prendre ou recevoir le même nom que l'une ou l'autre de ses deux associées distinguées par leur originaire fonctionnement *passif* ou *neutre*, que ces dernières ne sont aptes à porter de leur côté le sien. Chacune d'elles se désigne ainsi forcément par un nom *propre*, mais sans la moindre exclusion et plutôt avec expresse réquisition d'un nom *commun*. Voulant après cela désigner avec une parfaite exactitude le caractère différentiel originaire et respectif des trois personnalités radicales, nous nommerons la première *active*, *Sens*, — la seconde *passive*, *Intellect*, — et la troisième *neutre*, Esprit. Leur nom commun est Dieu.

10. Ayant pu nommer Dieu l'Être tri-personnel, à la fois universel, éternel et nécessaire, fixons maintenant le sens de ce mot. Au point de vue des *personnalités*, Dieu est *un en trois et trois en un*. Au point de vue des *genres*, il est *un en Tout* et *Tout en un*.

Plusieurs jugeront ici peut-être la première de ces deux définitions *trithéiste*, et la seconde *panthéiste :* elles ne le sont aucunement. Par exemple, les locutions : *la lumière est les ténèbres et les ténèbres sont lumière*, ou bien *la lumière est dans les ténèbres et les ténèbres sont dans la lumière ;* ne sout pas deux locutions ayant la même signification, mais sont au contraire deux locutions très différentes de sens. Dans la première, on nie la distinction et maintient la seule identité de la lumière et des ténèbres ; dans la seconde, on maintient la distinction en n'excluant point malgré cela l'identité, qu'implique l'inhabitation des deux termes contradictoires l'un en l'autre. Ainsi, dans notre double définition, l'unité maintenue sert de correctif à la multiplicité, qui s'y joint pourtant sans la compromettre.

Toute définition ou notion de chose est une véritable opération entre deux termes, dont l'un indéfini x se détermine par un autre *défini* A reconnu d'ailleurs équivalent à l'idée qu'on s'en est faite et représente un x. La constitution en est *simple*, quand en elle l'indéfini x se détermine au moyen d'une affirmation d'être *absolu connu*, comme en $x = A$; ou complexe, quand cet être *absolu* s'y traduit au moins en deux *relatifs* comme en $x = A = \dfrac{B}{C}$. Poser d'abord x en inconnue, c'est commencer par lui supposer un être au moins *imaginaire*, lequel n'est point sans une certaine réalité ; mais c'est la réalité d'un imaginaire, et l'on veut avoir plus que cela. Dans ce but,

on a recours à l'observation, et dans le nombre
des choses observées ou des idées présentes
on cherche à reconnaître aussitôt celle chez laquelle l'observation objective concorde avec la
prévision subjective, c'est-à-dire, celle chez
laquelle la *réelle imaginarité* précédente
trouve son équivalent dans l'*imaginaire
Réalité* subséquente, d'où il suit que ces
deux sortes d'absolus-relatifs se confondent
ou s'identifient. Se contenter alors de substituer l'une à l'autre, ce serait tout au plus
renverser l'ordre des deux concepts considérés ; et, tandis qu'on donnait tout-à-l'heure
le pas à l'Imaginaire sur le Réel, le donner
coup sur coup au Réel sur l'Imaginaire. Or,
donner ainsi le pas au Réel sur l'Imaginaire,
c'est quelque chose assurément; mais c'est si
peu de chose que tout l'avantage acquis consiste
à s'être donné, dans le Réel posé dernièrement
en premier, une base pour de nouvelles observations, la base *acquise* n'ajoutant par hypothèse à la donnée première pas autre chose que
le revirement ou changement de place ou
d'aspect à son profit. Pour n'avoir point alors

fait en cela (comme on dit) un pas de clerc, il faut donc aller derechef en avant et chercher à tirer parti de la position réelle acquise, sans en sortir — bien entendu —, mais non sans en découvrir encore un équivalent; cette fois simultané, qui la montre sous deux nouveaux aspects au moins, comparables, par exemple, à la division de l'1 en deux moitiés telles que $\frac{1}{2}$, $\frac{1}{2}$, ou mieux encore à sa transformation en deux facteurs tels que $\frac{2}{1} = B$, $\frac{1}{2} = C$. Car, arrivée là, la pensée s'arrête avec satisfaction sur le résultat obtenu, pour inclusion en lui des trois objectifs recherchés de la connaissance, qui sont les trois genres ou sortes d'être *actif*, *passif* et *neutre*.

Le nombre des genres absolus radicaux ne pouvant être supérieur à trois comme nous le savons par le nombre des dimensions seules possibles de l'espace, et toutes les équations pouvant être ramenées au type précédent complet (sinon, on ne sortirait point de la classe inféconde des simples déclarations *existentielles*), toute équation de ce type offre l'heureuse réunion des trois principales sortes de relation actuelle constituées des trois couples de concepts $\left\{ \begin{array}{c} \text{imaginaire} \\ \text{réel} \end{array} \right.$, $\left\{ \begin{array}{c} \text{irrationnel} \\ \text{rationnel} \end{array} \right.$, $\left\{ \begin{array}{c} \text{négatif} \\ \text{positif} \end{array} \right.$ Le terme *imaginaire* est x; l'*irrationnel* est A premier réel; les deux autres dynamiquement disposés en fraction et seuls rationnels d'ailleurs sont le *négatif B* et le *positif C*. Là, toutes sortes de positions et de relations se trouvent donc représentées, et même elles l'y sont avec autant de distinction que d'union. La distinction s'y montre d'inspection en l'éparpillement des termes; et, si leur concentration (garantie d'union ou d'unité réelle) ne s'y montre point en général avec la même aisance, au fond elle n'est pas moins réelle. Car la concentration des deux termes *rationnels* pris deux à deux n'est pas douteuse, non plus que celle des deux termes *rationnels* d'une part et du terme *irrationnel* de l'autre; et la réunion de ces deux premières centralités partielles en une troisième absolue finale résulte enfin de la coexistence des deux précédentes en une seule équation alors siége manifeste d'un concours général. Tous les modes

principaux ou généraux d'opération sont donc
là représentés ; l'Activité radicale y subsiste et
s'y déploie tout entière dans sa triple acception
d'*infinie*, d'*infinitésimale* et de *moyenne*, à
savoir, comme moyenne en $A = 1$, comme
infinitésimale en $C = \frac{1}{\infty}$ comme infinie en B
$= \frac{\infty}{1}$; et par conséquent, puisque tout se
trouve dans ce type, il est bien le type par' excellence ou divin, dans lequel se trouve simultanément manifestée la vérité de notre définition de Dieu comme constitué de trois personnalités pour un seul genre, ou de trois genres
pour une seule personnalité.

11. De ce que, maintenant, le mode d'existence divine est un type réel universel ou contenant implicitement tout comme le démontre
la série suivante de *relatifs*

$$\frac{B}{C} \left[= \frac{1}{1} = \frac{2}{2} = \frac{3}{3} \cdots = \frac{\infty}{\infty} \right]$$

où la pensée se porte immédiatement, à tra-
vers tous les possibles, de l'infinitésimal à l'infini, ne nous hâtons pas de conclure à l'explicite présence en elle des termes moyens
$\frac{2}{2}$, $\frac{3}{3}$, etc. Qu'ils y soient contenus *imagi-*

nairement d'abord et même *virtuellement* ensuite, c'est incontestable; mais ils n'y sont point encore pour cela contenus d'emblée ni *négativement* ni *positivement*, et la preuve immédiate de cette assertion, nous l'avons dans les deux séries suivantes admises de tous les mathématiciens $\left\{ \begin{array}{l} \div\infty - 2 - 3 - \ldots = \div\infty \\ -\infty + 2 + 3 + \ldots = -\infty \end{array} \right.$. Ce serait donc une grande erreur de prétendre que, avant leur création, les termes *imaginairement* contenus entre les deux extrêmes con- tradictoirement infinis $\left(\dfrac{1}{\infty}, \dfrac{\infty}{1} \right)$ n'y préexistent aucunement, au moins à l'état de germes non éclos ou de *virtualités* expectantes; mais ces virtualités, parce qu'elles sont là contenues comme de simples ovules dans l'ovaire ou comme des facteurs 1° dans un produit, man- quent encore de cette essentielle condition d'existence achevée, complète ou réelle, où l'on fonctionne aussi bien en *relatif* qu'en *absolu* sous forme distincte comme en $1 = \dfrac{2}{2}$. Encore une fois donc, l'état de préexistence 1° n'est point celui d'existence proprement dite, laquelle suppose relation de soi à soi. Cet état relatif de soi à soi fait la personnalité; mais l'existence primordiale sous la forme $1 = \frac{1}{1}$ où ce même état relatif se retrouve exempt de toutes limites, reste alors le privilège des seules personnalités divines essentiellement élémentaires ou simples en même temps qu'infinies; et pour devenir alors réellement existant à part à leur exemple, il faut en avoir reçu, disons mieux, *hérité* ne serait-ce que ce premier degré de liberté tant subjective qu'objectiue, qui fait que, en en usant à son gré, l'on imprime au cours des choses — en sens comme en direction — une modification différente de la normale issue de simples données premières, exclusivement *infinitésimales* ou *infinies* telles que les deux $\frac{1}{1}$, $\frac{\infty}{\infty}$. Car, dès que, au lieu de ces deux états relatifs, on a les finis $\frac{2}{9}$, $\frac{3}{3}$... l'Absolu porteur ou gérant de ces nouvelles formes accidentelles librement introduites en principe, se voyant comme assailli des tendances dualistiques de *sexe* et d'*âge* ou autres plus complexes, doit, s'il ne veut être soumis aux milliers d'influences émanées du dehors, mettre d'autant plus de soin à ne pas se départir des prévenantes divines ou radicales, que les accidentellement surajoutées sont plus entraînantes ou décevantes.

Posées dans ces nouvelles conditions d'existence, les personnalités contingentes, usant de leur liberté naturelle sans perdre de vue leur obligée subordination originaire au régime divin de relation $\frac{\infty}{2}$, ni se prévaloir de leur propre supériorité temporelle sur le régime divin inverse $\frac{1}{1}$, sont assurées contre toute déchéance d'un état régulier parfait originaire. Mais cessent-elles par hasard un jour de prendre en considération l'infinie prééminence du rapport $\frac{\infty}{\infty}$ sur les rapports $\frac{2}{2}$, $\frac{3}{3}$... ou bien commencent-elles à se prévaloir de la prééminence de leur propre état fini $\frac{2}{2}$ ou $\frac{3}{3}$ sur l'infinitésimal $\frac{1}{1}$: dès ce moment, leur déchéance est toujours possible et parfois même infaillible, pour manque de discrétion ou fol orgueil dans un cas, et trop de convoitise ou complet enivrement dans l'autre. Aussi gravement déviées de leur rectitude originaire, toutes activités contingentes vivent dans un monde

inférieur où les influences du monde divin supérieur ne sauraient pénétrer, comme de leur
côté les événements du monde inférieur ne
sauraient trouver du retentissement ou de
l'écho dans le supérieur, — ce dernier réglant
constamment sa marche sur des rapports im-
muables dans leur infinité, quand l'inférieur la
règle sur de simples rapports finis, momenta-
nément — il est vrai — plus saisissants, mais
essentiellement bornés et toujours caducs.

12. On apprécie les contrastes par leur confrontation. Afin de pouvoir nous faire une
idée précise du mode d'existence divine dans
le monde en général, nous avons pris tout à
l'heure en considération le monde visible et
montré comment il entrait en opposition,
avec le monde supérieur invisible, par son ap-
parente composition et lourdeur ou matérialité,
quand de son côté le monde supérieur, censé
le contenir et pénétrer de toutes parts, ne s'en
distingue pas moins par son absolu dégage-
ment de toute imperfection que par son immense grandeur ; c'est pourquoi, bien qu'en
qualité de supérieur ce dernier ne puisse point

contenir et pénétrer le très imparfait inférieur,
il n'en est pas plus gêné ni contrarié que ne
souffrent de la matérialité les rayons solaires
atteignant la terre, et là, soit réfléchis, soit
réfractés, non moins libres dans leurs mouve-
ments que dans l'immense vide de l'espace
objectif. Le *mode d'existence* divine, ainsi
considérée comme un monde supérieur iden-
tifiable au *cosmique* qu'on conçoit embrasser
dans son universalité les divers systèmes sidé-
raux superposés tels que le stellaire en général
ou le solaire en particulier, n'est point pourtant
— si ce n'est au point de vue de la grandeur
— un *monde* ; c'est au contraire un *Être véritable*,. seulement à peine constitué des plus
simples éléments du monde inférieur, en manière de type invariable ; et, pour rendre sensible ici le merveilleux effet de cette confrontation d'un seul *Être* avec tout l'ensemble
d'autres *Êtres* innombrables appelé *monde*,
nous rappellerons à la mémoire du lecteur le
mot célèbre à tort ou à raison attribué à
Louis XIV : l'*État, c'est moi*. Comme effectivement un monarque n'est point seulement en

sa personne un résumé *fictif* de tout l'État, mais en est plutôt et sans contredit par sa puissance plénière une *vraie représentation absolue*, de même l'*Être divin* essentiellement personnel (alors même que sa personnalité se triple pour irréductibilité de fonctionnement divers mais non moins concentré pour cela), subsiste en *véritable abrégé* typique du monde entier, avec cette immense supériorité de puissance en plus, qu'il tient de sa propre et pleine concentration originaire, et qui, sans nous interdire d'en voir, dans cet ensemble apparent une image, ne nous l'offre pourtant que comme un échantillon, et non un équivalent de sa grandeur infinie.

Il semblerait d'abord que les deux attributions de pleine concentration et d'infinie grandeur ne devraient pouvoir se concilier, pour contradiction manifeste, en l'Être divin ; et, comme c'est là la plus grande difficulté qui s'oppose à sa reconnaissance, nous nous appliquerons, avant de mettre fin à ce travail, à la résoudre radicalement, en faisant remarquer qu'elle porte en quelque sorte sa solution en elle-même. Les contradictoires s'impliquent, en effet, par cela même qu'ils s'excluent. Qu'est-ce qui les mettrait autrement en présence ?.. Est-ce que affirmer la pleine concentration n'est point nier la pleine expansion, et réciproquement ?... En pareil cas, la pensée, qu'on pourrait d'abord supposer flottante entre les deux termes extrêmes opposés, se jette dans un extrême, parce qu'elle exclut l'autre : elle en admet, donc, l'un comme réel, et l'autre comme imaginaire. Qu'elle ait pour cela ses raisons, soit ! Mais, ces raisons ne se confondant point avec les notes mêmes de *réel* et d'*imaginaire*, il est évident qu'en principe les deux sont, *identiquement*, *imaginaires*, et que par là même elles pourront encore alternativement s'affirmer ou se nier comme *réelles*.

Ainsi, dans la pleine concentration, tandis que l'expansion reste imaginaire, la concentration devient réelle ; et, dans la pleine expansion, la concentration devenant imaginaire, l'expansion se réalise en devenant positive à son tour. Entre la pleine concentration et la pleine expansion, il y a donc identité de composantes pour égale inhabitation en elles des deux notes de réel et d'imaginaire ; mais en même temps il y a pareillement distinction, puisque ces deux notes y sont toujours alternantes ; et là se trouve alors la solution de la difficulté présente.— L'identité n'y diminuant pas plus pour coexistence de la distinction que la distinction n'y diminue pour concomitance d'identité, le seul point là non éclairci serait le fait étrange de cette alternation qui fait, de la concentration et de l'expansion, deux états s'engendrant l'un l'autre ou se servant réciproquement de *principe* et de *fin*. Mais l'éclaircissement de ce point ne souffre pas plus de difficulté, que le précédent concernant la réciproque inhabitation de deux contradictoires ; et nous en avons un exemple frappant sous les yeux dans les oscillations d'un pendule. Arrivant au terme de son élongation, le pendule a donné pleine satisfaction à la force expansive ; mais par là même, épuisée par l'*effet* produit, cette force y trouve sa *fin* dans un repos d'ailleurs instantané : de suite, elle donne donc cours ou cède la place (par sa propre imaginarisation) à la force opposée de concentration croissante de son côté jusqu'à son maximum atteint au centre même, où ce nouvel *effet* n'est pas plus tôt produit qu'il tourne au rôle de *principe* et remet en scène la force expansive. En cours d'exécution, tout effet est donc cause, comme toute cause est effet ; et nous voyons cette alternation se réaliser jusqu'en ressort matériel ou temporel : elle doit donc à *fortiori* pouvoir se réaliser, en ressort radical exclusivement *virtuel*, entre simples forces ou vitesses élémentaires.

Nous savons déjà que c'est par une pareille alternation entre simples forces élémentaires, que se fait en principe la conversion de toute différentielle en intégrale, ou réciproquement. Mais il y a, cette fois, une chose de plus que dans le cas où nous n'aurions qu'une immédiate alternative de Simples, sans intermédiaires possibles ; car actuellement, entre la différentielle $\frac{1}{\infty} = \frac{0}{1}$ et l'intégrale $\frac{\infty}{1} = \frac{1}{0}$, nous concevons intercalable une innombrable multitude de termes intermédiaires tels que les suivants: $\frac{1}{2}, \frac{1}{3}, \frac{1}{4}, \ldots, \frac{2}{1}, \frac{3}{1}, \frac{4}{1}, \ldots$ Ici, comme dans le cas entre Simples, l'*imagination* est encore manifestement en état de conjoindre instantanément tout terme donné de relation à son corrélatif, comme $\frac{1}{2}$ à $\frac{2}{1}$, $\frac{1}{3}$ à $\frac{3}{1}$, ...

Mais en *réalité*, le passage de tout semblable terme à son corrélatif, qui serait nécessairement instantané pour $\frac{1}{\infty}\left(=\frac{0}{1}\right)$ et $\frac{\infty}{1}\left(=\frac{1}{0}\right)$, ne l'est plus absolument pour $\frac{1}{2}$ et $\frac{2}{1}$, ... ; car la pensée s'y complique de vues accidentelles entravantes. Donc, au lieu qu'entre contradictoires le saut est toujours brusque et subit sans interpolation, entre contraires il cesse de l'être et devient susceptible de ralentissement progressif, d'abord simplement rationnel peut-être, mais finalement bien sensible ; et c'est ainsi que le monde visible temporel se distingue déjà pleinement de l'invisible divin.

Mais il y a plus : au lieu de considérer le seul passage sensiblement assez retardé déjà de la différentielle à l'intégrale effectué dans les conditions précédentes, comparons deux semblables passages l'un à l'autre, et nous pourrons voir ici la vitesse, plus que ralentie, s'annuler entièrement. D'abord, la distance à franchir de 1 à 1 est nulle ou infinie, comme le démontrent d'inspection les formules $\frac{0}{1}$, $\frac{1}{0}$: donc la vitesse à mettre en œuvre en pareil cas peut être dite alternativement de même ou infinie ou nulle. Entre $\frac{1}{2}$ et $\frac{2}{1}$, il existe au contraire une double moyenne arithmétique ou géométrique suffisante pour empêcher la pensée de se porter en droite ligne et d'un saut de principe à fin, et par suite l'obliger en quelque sorte de *s'aplanir* pour arriver à terme. Mais s'agit-il encore de franchir la distance de $\frac{1}{3}$ à $\frac{3}{1}$: la triplicité des vues à comparer alors oblige la pensée de se *solidifier* en quelque sorte pour effectuer la transition ; et, cela faisant, elle est bien à bout de force et s'annule enfin en se matérialisant.

Pour nous mettre en état de concevoir la nature divine dans toute sa profondeur en tout sens sans la moindre ombre de mystère, nous avons dû faire subir à nos idées une série de transformations en effaçant de plus en plus toutes les limites naturelles, jusqu'au point de n'être plus, à leur terme ou sommet, qu'un ensemble de *principes*, de *fins* ou de *moyens* absolus, non moins incapables d'augmentation que de diminution. Nous venons de montrer comment, partant de la même hauteur une fois atteinte, on descendait par semblables échelons, de l'infini divin, à l'indéfini rationnel, et de l'indéfini rationnel, au fini sensible. Ces diverses marches, qu'il est bien impossible de ne pas tenir pour exclusives, d'une part, ne laissent point d'être, d'autre part, inclusives ; et c'est ainsi qu'il est possible de voir en tout du divin, sans obligation concomitante d'attribuer au divin ce qui ne l'est pas. Cette réflexion est surtout applicable en la question de l'infinie divisibilité de la matière, dont on fait une pure abstraction, quand elle atteste au contraire une vraie concrétion absolue, complète et même patente dans l'expérience dont nous allons parler. Notre vue possède un certain degré de perceptivité qui, s'il était pris *absolument*, nous montrerait dans les dernières particules observées de la matière ses vrais éléments. Mais l'usage du *mi-*

croscope (1) nous empêche de tomber dans une pareille illusion ; car il nous est permis de voir dans ces mêmes prétendus éléments, des espèces d'intégrales constituées de nouveaux éléments apparents d'ordre inférieur, convertibles à leur tour (pour microscope plus grossissant) en intégrales nouvelles, et ainsi de suite indéfiniment. Nous disons : indéfiniment, à dessein et sans craindre la protestation que pourrait à cet égard nous adresser maint lecteur persuadé qu'on ne saurait trouver, en aucunes quantités finies, un nombre infini d'éléments. Car, en fait de matérialité, tout est relation pure, tant au sens du tact qu'à celui de la vue. Seulement, ces deux sens sont inverses, et de plus infinis tous deux, ou, si l'on veut, indéfinis. Donc,

(1) Cette propriété d'indéfini rapetissement atomistique qu'atteste le microscope, a pour pendant, en l'Activité radicale, l'inverse propriété d'indéfini grossissement attestée par le télescope. C'est une double marche inverse vers l'infiniment petit $\frac{1}{\infty}$ ou l'infiniment grand $\frac{\infty}{1}$, dont l'un implique l'autre, et d'où tout dérive avec la seule donnée radicale de l'*unité* comme élément de toute grandeur et principe de toute petitesse.

plus l'un croît en extension, plus l'autre doit croître en intensité, chez les sujets ou personnalités du moins. Ainsi, l'acuité de la vision pouvant se perfectionner indéfiniment, l'élément tactile peut se parfaire de même, ou bien l'évolution en profondeur marcher incessamment de pair avec l'évolution en grandeur, par la raison que, — comme en l'être *infini* divin sont implicitement contenus tous les êtres *finis* avant qu'ils en soient explicitement distincts, — de même inversement dans ces derniers êtres doivent se trouver implicitement contenus tous les éléments constitutifs de l'Être divin à l'état de *différentielles actuelles* à eux subordonnées, comme ils le sont eux-mêmes, à titre d'*unités simples*, à l'infini divin.

FIN.

TABLE DES MATIÈRES

FIN DE LA TABLE

SOUS PRESSE

*Établissement et correspondance des deux mondes
céleste et terrestre*, 1 vol. in-12.

SUITE DES OUVRAGES DU MÊME AUTEUR

ÉTUDES DE PHILOSOPHIE NATURELLE

N° 1. SYSTÈME DES TROIS RÈGNES DE LA NATURE. in-12. 1864.

N° 2. RÉPONSE DIRECTE A M. RENAN, OU DÉMONSTRATION PHILOSOPHIQUE DE L'INCARNATION. 1 vol. in-12. 1861.

N° 3. DE L'EXPÉRIENCE DE MONGE AU DOUBLE POINT DE VUE EXPÉRIMENTAL ET RATIONNEL. 1 vol. in-12. 1869 (3e édition).

N° 4. DE L'ORDRE ET DU MODE DE DÉCOMPOSITION DE LA LUMIÈRE PAR LES PRISMES. 1 vol. in-12. 1870.

N° 5. DE L'ORDRE ET DU MODE DE DÉCOMPOSITION DE LA LUMIÈRE PAR LES PRISMES. Nouvelles preuves à l'appui. in-12.

N° 6. SENS ET RATIONALITÉ DU DOGME EUCHARISTIQUE. in-12.

N° 7. DÉMONSTRATION PSYCHOLOGIQUE ET EXPÉRIMENTALE DE L'EXISTENCE DE DIEU. 1 vol. in-12. 1873.

N° 8. DE L'ORDRE ET DU MODE DE DÉCOMPOSITION DE LA LUMIÈRE PAR LES BORDS MINCES. 1 vol. in-12.

N° 9 LE SYSTÈME DU MONDE EN QUATRE MOTS. 1 vol. in-12.

N° 10. CLASSIFICATION RAISONNÉE DES SCIENCES NATURELLES. 1 vol. in-12.

2e Série : N° 1. LA MÉCANIQUE DE L'ESPRIT CONFORME AUX PRINCIPES DE LA CLASSIFICATION RATIONNELLE. 1 vol. in-12.

N° 2. ORGANISATION ET UNIFICATION DES SCIENCES NATURELLES. 1 vol. in-12.

N° 3. L'HISTOIRE NATURELLE ÉCLAIRÉE PAR LA THÉORIE DES AXES (avec planche). 1 vol. in-12.

N° 4. LA MÉCANIQUE DE L'ESPRIT PAR LA TRIGONOMÉTRIE. 1 vol. in-12.

N° 5. LA CLASSIFICATION RATIONNELLE ET LE CALCUL INFINITÉSIMAL. 1 vol. in-12.

N° 6. LA CLASSIFICATION RATIONNELLE ET LA PHÉNOMÉNOLOGIE TRANSCEN-DANTE (avec planche). 1 vol. in-12.

N° 7. LA CLASSIFICATION RATIONNELLE ET LA GÉOLOGIE (avec planche). 1 vol. in-12.

N° 8. LA CLASSIFICATION RATIONNELLE ET LA PRAGMATOLOGIE PSYCHOLO-GIQUE. 1 vol. in-12.

N° 9. LA CLASSIFICATION RATIONNELLE ET LA PNEUMATOLOGIE MÉCANIQUE. 1 vol. in-12.

N° 10. ÉLÉMENTS DE PSYCHOLOGIE MATHÉMATIQUE. 1 vol. in-12.

3e Série : N° 1. IDENTITÉ DU SUBJECTIF ET DE L'OBJECTIF (avec planche). 1 vol. in-12.

N° 2. LE VRAI SYSTÈME GÉNÉRAL DE L'UNIVERS. 1 vol. in-12.

N° 3. ORIGINE DES MÉTÉORITES ET AUTRES CORPS CÉLESTES. 1 vol in-12.